KB264622

꼬마버스
타요
120

캐릭터 소개

타요
호기심 많고 명랑한
개구쟁이 꼬마 버스

로기
적극적이고 활달한
꼬마 버스

라니
상냥하고 귀여운
애교 만점 꼬마 버스

가니
생각이 깊고
어른스러운 꼬마 버스

씨투
꼬마 버스들의
자상한 맏형 역할을 하는
책임감 강한 이층 버스

루키
성실하고 친절한
새내기 교통경찰

으라차
부지런하지만
소심한 꼬마 트럭

패트
시내를 순찰하며
문제를 해결하는
베테랑 경찰차

맥스
힘이 세고 씩씩한
덤프트럭

포코
큰 삽을 다루는
최고 실력의 굴착기

스피드
스스로 가장 빠른 차라고
생각하는 사고뭉치
스포츠카

사이좋게 지내요

화창한 아침이에요.
타요가 연료를 채우기 위해 충전소로 가고 있어요.

"이러다 늦겠는걸.
바쁘다, 바빠!"

그런데 갑자기 로기가 타요 앞으로 끼어들었어요.
"로기야, 끼어들면 어떻게 해?"

"무슨 소리야,
내가 먼저 왔는데!"

"아니야,
내가 먼저 왔어!"

"얘들아, 싸우지 마."
"서로 양보하면 되잖아."
가니와 라니가 둘을 말렸지만
소용없었어요.

결국, 타요와 로기는
화해하지 않은 채 운행을 나갔어요.

120
120

오늘도 시내의 도로는 아침부터
많은 차들로 붐벼요.

그런데 시내에 처음 나온 꼬마 트럭 으라차가
사거리에서 그만 다른 차와 부딪힐 뻔했어요.

덜컹

그 바람에 꼬마 트럭 으라차의 닭장에 있던
닭들이 밖으로 쏟아져 나왔어요.

차 밖으로 나온 닭들 때문에
사거리가 엉망이 되고 말았어요.

그때 경찰관 루키가 경찰차 패트를 타고 나타났어요.
"죄송해요. 제가 싣고 있던 닭들이 밖으로 나와서 그만……."
"일단 닭들부터 잡아야겠군!"

"거기 서!"
꼬꼬댁 꼬꼬

"으아아아!"
꼬꼬댁 꼬꼬

'살금살금.'
꼬꼬

"잡았다!"

"휴, 다 됐다. 그런데 닭이 모두 몇 마리였니?"
"열 마리예요."
꼬마 트럭 으라차가 대답했어요.

"하나, 둘, 셋, 넷, 다섯, 여섯, 일곱, 여덟, 아홉!
어, 한 마리가 없잖아?"

한편 타요는 차가 밀려 도로 위에서 꼼짝 못하고 있었어요.
"왜 이렇게 길이 막히지?"

그때 타요 옆으로 로기가 멈춰 섰어요.

‘하필 이런 데서 로기를 만날 게 뭐람.’

‘타요잖아? 그냥 모른 척하자.’

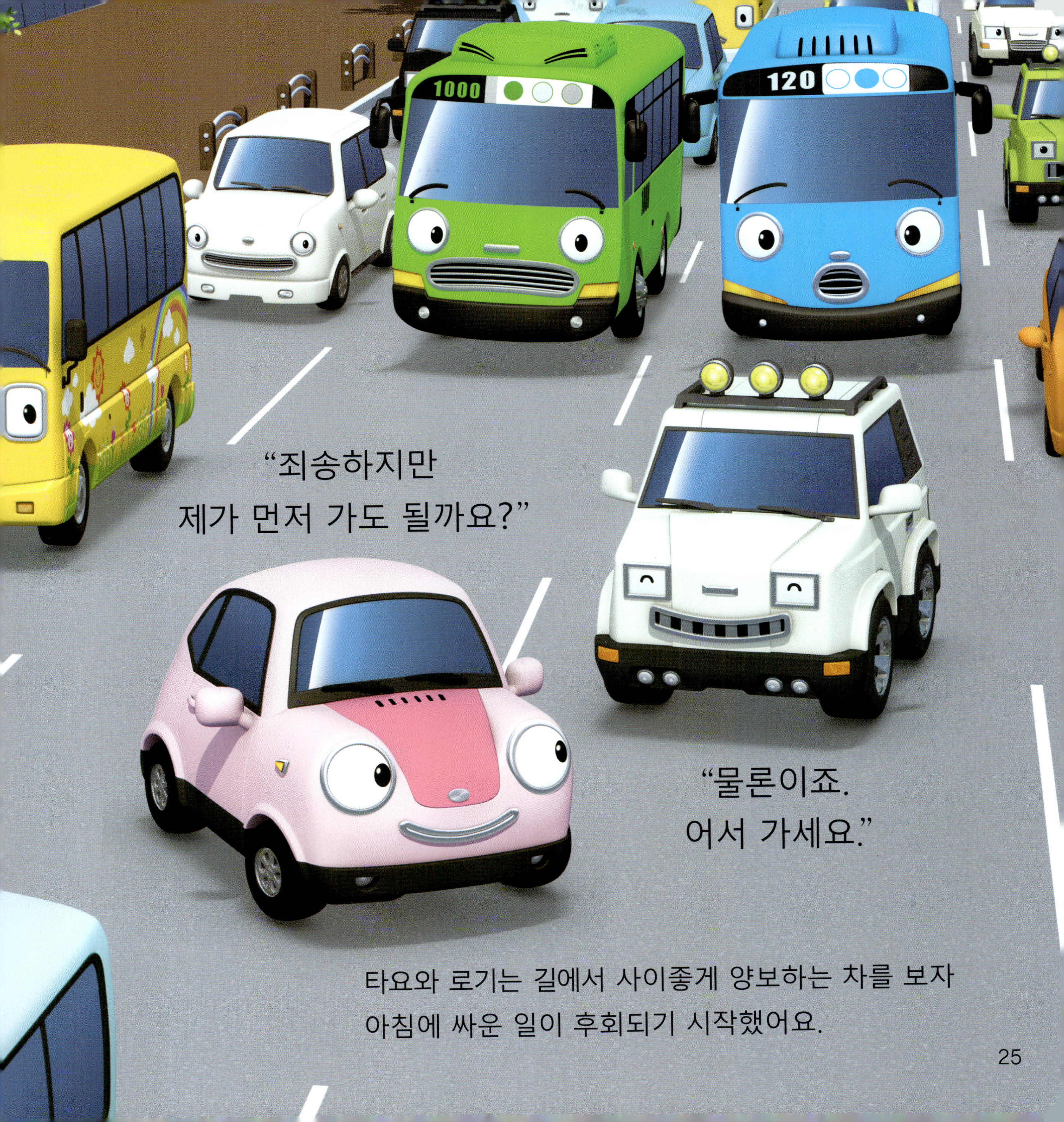

타요와 로기는 길에서 사이좋게 양보하는 차를 보자
아침에 싸운 일이 후회되기 시작했어요.

그때 타요의 머리 위로 닭 한 마리가 날아왔어요.

"타요, 로기! 그 닭 좀 잡아 줘!"

"로기, 그쪽으로 간다."

"알았어, 이쪽은 내게 맡겨!"

꼬끼오
1000

“잡았다!”
120

30

"로기야, 아침엔 내가 미안했어."

"아니야, 네 앞으로 끼어들어서 내가 미안해."
둘은 누가 먼저랄 것도 없이 서로에게 사과했어요.

"우리 앞으로는 싸우지 말고 사이좋게 지내자!"
타요와 로기는 서로 화해하고
사이좋은 친구가 되기로 했어요.

꼬마버스 타요
사이좋게 지내요

2011년 7월 25일 초판 1쇄 발행 | 2026년 1월 30일 개정판 12쇄 발행

발행인 최종일 **발행처** ㈜아이코닉스 **기획** 키즈아이콘
글 ㈜아이코닉스 **그림** ㈜스튜디오 게일 **총괄책임** 서현수
편집책임 박정은 **편집** 장보원 조윤수 김예진 이유진
디자인 김미선 이순영 권혜원 경희정 **각색** 이우진
제작책임 신초희 **제작관리** 이수란 김미래 김세미
마케팅책임 김미경 **마케팅** 이창열 서연지 심동수 이경재 이미나 지승한 송호성 이지연
출판등록 2008년 11월 4일(제 2014-000009호) **주소** 경기도 성남시 분당구 판교로 255번길 64
고객센터 1566-0855 **홈페이지** www.iconix.co.kr
꼬마버스 타요 ⓒICONIX/EBS/SEOUL

⚠ 다칠 우려가 있으니 제품을 던지거나 밟지 마십시오.
⚠ 종이에 베이거나 긁히지 않도록 주의하시고, 특히 제품의 모서리에 다치지 않도록 주의하십시오.
※ 이 책은 독점 판권 업체인 ㈜아이코닉스에 의해 제작되었으며 무단 전재와 복제를 금합니다.
※ 잘못된 제품은 구입 후 10일 이내 구입처에서 교환하여 드립니다.
※ 제품에 자체 결함이 있을 시 무상 A/S 보증 기간은 구입 후 3개월입니다. 단, 소비자의 부주의로 인한 파손이나 손해는 보상되지 않습니다.

타요 동화책 시리즈는 PAPERBOOK, E-BOOK, AUDIOBOOK 으로도 만나 보실 수 있습니다. E-BOOK과 AUDIOBOOK은 〈밀리의 서재〉, 〈교보 ebook〉, 〈네이버 오디오클립〉 등에서 검색해 보세요.